AF252562

L'ESPAGNE
EN RÉPUBLIQUE!

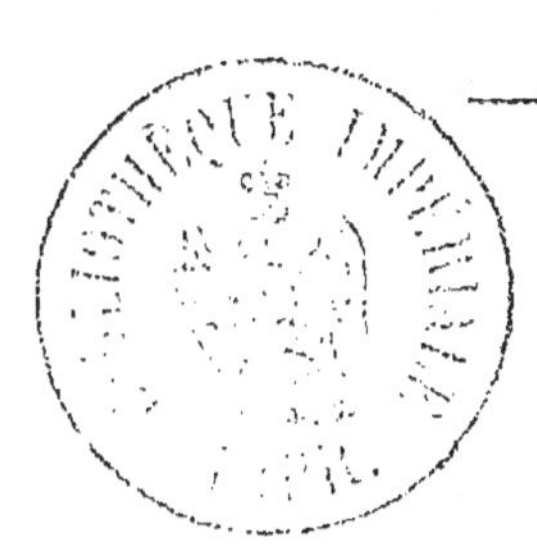

Magnus erit inter omnes qui illud in regione sua instituerit.

50 centimes.

PARIS

ARMAND LE CHEVALIER, ÉDITEUR

64, RUE RICHELIEU, 64

ET CHEZ L'AUTEUR, 27, RUE GUÉNÉGAUD

1868

L'ESPAGNE

EN RÉPUBLIQUE!

Au moment où l'Espagne cherche à changer la
forme de son gouvernement, et où on y parle de
république, il serait peut-être curieux d'étudier cette
question :

Comment la forme républicaine peut-elle s'établir
d'une façon durable dans un grand pays?

La république est le gouvernement de tous par
tous. De tous, la chose est facile ; mais par tous, là est
la difficulté. De tous par tous, c'est comme si l'on
disait du peuple par le peuple, puisque le peuple
comprend toute la nation ; dans une république le
peuple est le souverain, le maître, c'est ce que j'ap-
pelle démocratie.

Pour résoudre la question, il n'y a qu'un moyen,
le suffrage universel ; mais comment faire participer
au gouvernement d'une manière efficace, comment
faire voter (et promptement) sur toutes les questions
importantes 20 millions de citoyens, par exemple?

« Le peuple assemblé, **dira-t-on,** quelle chimère ! C'est une chimère aujourd'hui, mais ce n'en était pas une il y a deux mille ans. Les hommes ont-ils changé de nature ? Les bornes du possible sont moins étroites que nous ne pensons, ce sont nos faiblesses qui les rétrécissent. »

C'est J.-J. Rousseau qui parle ainsi dans le *Contrat social.* Et ailleurs :

« ...... En général le gouvernement démocratique convient aux petits États, l'aristocratique aux médiocres et le monarchique aux grands. »

Il faudrait donc prouver, pratiquement surtout, que le gouvernement démocratique, le seul logique et juste, convient à tous les États, quel que soit le nombre des habitants. A notre avis si Rousseau a entrevu que l'on pouvait reculer les bornes du possible et les moyens de le faire, il n'a fait qu'effleurer ce sujet, comme on le voit au chap. 13 du livre III. Son temps, du reste, n'avait pas les ressources dont nous disposons.

Où chercherons-nous donc les sujets d'étude qui nous feront découvrir les moyens convenables à notre époque ?

Athènes et Sparte étaient bien des républiques : le peuple y délibérait sur les affaires de l'État, et le vote par tête était la sanction des lois et décrets. Mais c'étaient de petits États, les assemblées du peuple sur la place publique formaient en moyenne cinq mille hommes. De plus, à Sparte, les habitants de la ville même étaient seuls citoyens, le reste de la nation n'avait aucune part aux affaires ; c'était donc le gouvernement de tous par un petit nombre, une oligocratie.

Rome après les rois fut gouvernée d'abord par une aristocratie de naissance, puis par une aristocratie de fortune ; enfin elle devint une véritable démocratie. Tant que le peuple fut peu nombreux, la république fut possible, parce qu'elle était composée de véritables citoyens ; mais, plus tard, son accroissement disproportionné et irrationnel, joint à une monstrueuse inégalité de fortunes résultant de l'accaparement de toute la richesse par quelques-uns, ramena le despotisme.

Il s'agit pour nous de faire mieux, eu égard aux masses ; et c'est possible puisque nous avons deux mille ans de plus. — Certes il y a beaucoup à étudier et même beaucoup à prendre dans la république romaine, mais il ne faut pas tomber dans le travers de 89, qui eut le tort de vouloir être grec et romain au lieu d'être moderne.

Arrivons aux États que nous voyons fonctionner sous nos yeux.

La Suisse n'est pas encore le sujet qui nous convient. Le pays non-seulement est relativement petit, mais il n'est pas un tout homogène : c'est une confédération de petits États et non une république démocratique. Si l'esprit d'indépendance, naturel aux montagnards, n'y maintenait pas et la liberté et la vertu, il y a longtemps que ce pays aurait été subjugué.

L'Angleterre ne pourra devenir république qu'à la condition d'une révolution qui renverse son aristocratie et tout ce qui lui reste du régime féodal. Constatons cependant que le gouvernement constitutionnel est l'acheminement vers les grandes démocraties.

— Et les États-Unis ? — J'y arrive. — C'est un pays de 45 millions d'habitants, et c'est vraiment un pays républicain.... — Je conviens que la forme de gouvernement de ce pays approche beaucoup de la république démocratique ; seulement, il faudrait plus encore : qui empêche que, au moins pour toutes les affaires principales, le peuple ne vote lui-même, et par tête ? C'est possible, même en Espagne.

Entendons-nous du reste sur le peuple américain. Il n'est nullement dans les mêmes conditions que l'Europe. Il s'est formé de trois sortes de gens : ceux qui se sont établis dans le pays après la conquête ; ceux qui, chassés de leur pays natal par la misère, sont venus beaucoup plus tard s'établir là pour faire fortune ; ceux enfin qui, fuyant le despotisme maître de leur pays, venaient là chercher la liberté. Ces gens venus de tous les pays du monde ont apporté avec eux un peu du génie particulier de tous les peuples. De cette diversité infinie de races, de caractères, d'idées, bizarres quelquefois originales toujours, il est résulté chez ce peuple une jeunesse, une séve qui n'existe pas dans notre vieille Europe, où les masses sont habituées à avoir des individus qui pensent pour elles et à être gouvernées.

Tous ces colons de différentes époques avaient l'instinct de la liberté, mais n'en avaient pas l'habitude. L'obligation où ils étaient de se gouverner eux-mêmes la plupart du temps la leur a donnée.

Tant qu'ils furent colonies, relevant des métropoles, le gouvernement fut, pour ainsi dire, monarchique ; mais le despotisme ne pouvait se fixer d'une manière solide sur ces éléments hétérogènes. L'apprentissage de la liberté continuait, et au jour de l'indépendance le gouvernement démocratique s'établissait de lui-même.

Ainsi il y a une différence de nature, une différence radicale entre le peuple américain, peuple actif, et les peuples de l'Europe, peuples passifs. En Amérique, il y a presque autant de citoyens que d'hommes ; en Europe y a-t-il un vrai citoyen sur cinq cents hommes?....

Comment remédier à cet état de choses ? L'occasion est belle pour l'Espagne de faire une tentative ; si elle ne réussit pas, l'expérience du moins profitera aux autres. Le peuple espagnol a longtemps croupi dans la servitude, mais il y a chez lui des instincts nobles qu'il suffit de réveiller ; malheureusement le principal élément, l'instruction, manque.

Il est certain que, s'il doit y avoir progrès dans l'avenir politique de l'ancien continent, si la destinée des sociétés humaines n'est pas de tourner toujours à peu près dans le même cercle de progrès relatif suivi de barbarie pour recommencer de nouveau, si, dis-je, il y a avenir réellement progressif, il est dans le suffrage universel. Bien appliqué, c'est la république de l'avenir. C'est le ressort unique de la liberté. Mais son emploi pouvant et devant varier à l'infini, suivant les temps, les pays, les mœurs, l'âge des sociétés, la question est de l'appliquer convenablement.

Le souverain légitime étant le peuple, il est en même temps le législateur naturel, attendu qu'il appartient à tous de régler la manière dont ils veulent être gouvernés. Or, comme les masses ne peuvent avoir les connaissances nécessaires, ni même pratiquement faire les lois, il est donc logique que le peuple confère cette mission à des délégués formant une assemblée, mais cela à trois conditions : 1° que ce corps n'ait aucun pouvoir actif; 2° qu'il ne soit nommé que pour peu de temps, soit trois ans; 3° que le peuple se réserve la sanction qui légitime et rend obligatoire.

« Les députés du peuple, dit J.-J. Rousseau, ne sont et ne peuvent être ses représentants; ils ne sont que ses commissaires, ils ne peuvent rien conclure définitivement. Toute loi que le peuple en personne n'a pas ratifiée est nulle; ce n'est pas une loi.»

Appelons Corps législatif ce préposé à la législation. Des bureaux de rédaction poseraient, *laconiquement*, dans un nombre de syllabes ou de lignes déterminé par la loi, chaque question dans trois rédactions différentes, correspondant aux trois opinions principales de la Chambre. Une colonne particulière contiendrait, pour éclairer le peuple sur les motifs et les conséquences de son vote, les explications qu'on n'aurait pu renfermer dans les trois rédactions objets du vote. — Du Corps législatif, la rédaction passerait au Conseil des Anciens ou Sénat qui l'analyserait, critiquerait, accepterait ou renverrait au Corps législatif avec ses modifications ou son *veto*, lequel serait l'objet d'un appel au vote du peuple. — La rédaction acceptée, le peuple voterait les questions par *oui* ou par *non*. — Le résultat du vote viendrait, pour plus de sûreté et de rapidité, des chefs-lieux de canton, ou même des communes (pour celles qui sont sur des voies télégraphiques), directement au Corps législatif qui vérifierait et publierait les résultats, puis les enverrait au Sénat. Celui-ci les transmettrait au pouvoir exécutif; lequel serait, si la démocratie n'est pas absolue, encore libre d'accepter, rejeter ou modifier les applications des votes, mais à ses risques et périls; les résultats des élections ayant été rendus publics. Si la démocratie est absolue, il serait tenu de les appliquer purement et simplement, n'étant que l'exécuteur de la volonté du peuple.

On pourrait ainsi, grâce aux moyens de transmission rapide dont nous disposons, arriver, dans un nombre d'heures donné, à faire voter 20 millions de citoyens sur toute question donnée. — Et on aurait réellement le gouvernement démocratique, c'est-à-dire de tous par tous.

Ce qui prouve que la chose est très-possible, c'est le vote par lequel, chez nous, Napoléon III a été élu empereur. Certes alors le peuple n'était pas plus mûr pour le vote qu'il ne l'est maintenant pour la liberté, qu'il ne l'est pour la république.

Le Sénat, mieux appelé Conseil des Anciens, garderait ainsi son rôle de conservateur des lois et empêcherait les novateurs d'aller trop loin. En effet, en changeant continuellement les bases d'un édifice on s'expose à lui enlever sa solidité et à le faire crouler. L'anarchie mène au despotisme, comme le manque de liberté cause les révolutions.

Il serait formé d'anciens magistrats, vétérans de la politique. Certaines charges y donneraient droit; mais le dignitaire n'en ferait partie que lorsqu'il aurait atteint un certain âge déterminé par la loi. Le Conseil des Anciens se recruterait partie ainsi, partie par nominations laissées à la disposition du pouvoir exécutif, pour le renforcer un peu; mais toujours dans les conditions d'âge voulues par la loi. Il n'y aurait du reste pas à craindre que le pouvoir exécutif dominât le Conseil des Anciens puisque le *veto* de ce corps, en opposition avec le Corps législatif, serait, avons-nous supposé, l'objet d'un appel au vote du peuple.

Le Corps législatif, formé à peu près comme l'est le nôtre, moins les candidatures officielles (elles n'auraient plus de raison d'être si la démocratie était absolue), serait en réalité le premier corps de l'État, car il tient en bride le pouvoir exécutif, a connaissance de toutes les affaires et propose les votes toutes les fois qu'il lui plaît. Mais pour que lui-même, ou quelques-uns de ses membres, ne soient pas tentés de s'approprier tout le pouvoir, non-seulement les députés ne sont élus que pour trois ans, mais encore tous les ans, à des époques fixes, il y a pour le peuple des *élections annuelles*. Le peuple y vote sur toutes les questions pendantes, vote de lui-même, avec ou sans le concours du Corps législatif, la date seule, *réglée dans la Constitution*, servant de convocation à défaut du concours des autres corps de l'État.

Avant les élections, annuelles ou accidentelles, le

peuple serait instruit concurremment par les journaux et des meetings ou réunions libres mais sans aucun pouvoir ni attribution, n'ayant d'autre influence que celle d'éclairer le peuple par la discussion et de faciliter l'entente.

Dans les élections annuelles, le peuple, toujours guidé par ses meetings, pourrait aussi proposer des projets de lois, mais ces lois auraient à passer au Corps législatif, au Sénat et à repasser par le vote général pour être valables. Ce serait seulement un droit d'initiative.

Le Corps législatif ferait voter le peuple dans les élections annuelles ou dans des élections accidentelles (dans le courant de l'année) sur les affaires générales ou particulières, et lorsqu'il surgirait tout d'un coup des affaires soit d'intérieur, soit d'extérieur.

Donc le peuple serait la force, la volonté et aurait une partie de l'initiative; le Corps législatif aurait la promotion et la direction; le Conseil des Anciens, la conservation et l'expérience; le pouvoir exécutif, l'unité d'action. Les différentes parties du gouvernement se contrôleraient et se maintiendraient réciproquement. Si c'est un principe de politique qu'il ne faut toucher aux lois qu'avec la plus grande circonspection, d'un autre côté il faut aussi que le rouage entier de l'État ait cette élasticité nécessaire pour résister au choc des événements et à l'assaut du temps, pour que l'œuvre soit durable. La principale cause de la chute des empires est ou la trop grande mobilité ou cette inflexibilité des lois qui ne permet pas au mécanisme gouvernemental de se modifier avec le temps, de sorte qu'il arrive un moment où les circonstances, prenant le dessus, brisent le ressort, et la machine détraquée tombe bientôt en ruines.

On remarque que je n'envisage pas comment le pouvoir exécutif s'accommoderait des votes et du rôle qu'il aurait, je parle de l'Espagne et laisse aux Espagnols le soin de faire l'expérience, me contentant de poser le problème.

Il est du reste évident que, ou empereur, ou roi, ou président, ou consul, ce rôle secondaire et ces élections, surtout les élections annuelles, seraient peu de son goût ; qu'il travaillerait, par tous les moyens, à entraver la marche de la démocratie et à dégoûter le peuple du régime de la liberté. Toujours le pouvoir exécutif a des tendances à s'affirmer et à s'étendre. Aussi, comme la force et l'unité d'action lui sont nécessaires, s'il n'est pas suffisamment maintenu, il les détourne bientôt de leur emploi rationnel et s'en sert pour arriver à être le seul maître. C'est ce qui oblige, dans un état démocratique, de le reléguer au second plan.

Concluons en disant que, pour une démocratie, quatre choses sont essentielles : des citoyens, l'instruction, la liberté de la presse, le droit de réunion.

J'entends par citoyen un homme qui comprend qu'il a aussi à remplir des devoirs politiques; autrement dit, que c'est son devoir de s'occuper, pour sa part, des affaires du pays comme unité d'un grand tout et non comme zéro. — Or, je ne connais pas l'Espagne, mais si j'en juge par la France, où il y a réellement peu de citoyens, l'époque où ces pays seront de vraies républiques démocratiques est encore éloignée ; si j'espère pour dans sept ou huit cents ans, c'est que je ne voudrais pas être prophète de malheur.

Quant à l'instruction (gratuite et obligatoire pour l'instruction primaire), c'est une condition *sine qua non* pour la réussite du système : pas d'instruction, pas de vrais citoyens ; pas de liberté, pas de vrai suffrage universel.

Pour la liberté de la presse on peut établir cette formule : les inconvénients sont en raison inverse de l'étendue de cette liberté ; si elle est complète, les inconvénients sont nuls, et plus elle est restreinte, plus ils sont nombreux.

Enfin la liberté de réunion permet les discussions politiques, « luttes pacifiques (c'est M. Duruy que je cite dans tout cet alinéa) qui sont la vie et la force des États libres. » « Dans ces luttes les citoyens prennent l'habitude de la discipline et de la constance, la connaissance des affaires et le sentiment des intérêts généraux ; dans la liberté conquise, l'égalité civile et politique, ils trouvent le respect de soi-même, » la dignité, « commencement de toutes les vertus »

En effet dans un État ainsi organisé, le plus grand châtiment serait la privation des droits politiques.

Espagne en avant ! Tu étais la dernière, sois la première, forte, libre et modérée !

APPENDICE.

Des personnes auxquelles j'avais communiqué le manuscrit de cette brochure, tout en m'encourageant beaucoup du reste à émettre ces idées, m'ont fait les questions suivantes :

1. Comment pourrait-on appliquer ce mode de gouvernement avec les imbéciles, les ignorants et les indifférents qui pullulent dans nos sociétés?

Je réponds : Pour les premiers, il y en avait aussi à Athènes, à Sparte, à Rome, moins peut-être, mais enfin la nature des hommes n'a pas changé. Pour les derniers, le nombre en diminuera avec l'instruction et à mesure que la vie politique se répandra ; j'ajoute qu'elle se répandra vite, car l'amour de la liberté est une maladie contagieuse. Quant aux ignorants, je ne puis que répéter : avec l'instruction primaire gratuite et obligatoire on peut, en quelques années, changer la face d'un pays ; sans instruction pas de vrais citoyens, pas de liberté, pas de vrai suffrage universel. Bien plus, non-seulement il faut l'instruction, mais, dans un pays démocratique, il y aurait nécessairement, dans les écoles d'adultes, le catéchisme du citoyen, comme il y a le catéchisme religieux dans les écoles d'enfants. — Je pourrais bien quelque jour tracer le rudiment de ce catéchisme.

2. Pourquoi faites-vous passer et repasser du Corps

législatif au Sénat et du Sénat au Corps législatif votre rédaction sur les questions posées au peuple?

— En vertu de ce principe, que, dans une démocratie le pouvoir souverain étant réparti sur le peuple entier, il est quelquefois facile à un ou à plusieurs ambitieux, ou même à un corps de l'État, d'accaparer ce pouvoir. C'est là le côté faible des républiques; aussi voyait-on chez les anciens, le peuple, jaloux de sa souveraineté, exiler ses généraux les meilleurs, ses guides les plus capables, de peur qu'ils ne s'emparassent de la tyrannie : leur génie, en les élevant trop haut, lui portait ombrage, donc il les éloignait, sauf à les rappeler quand il en avait besoin. Et eux, dans leur patriotisme, revenaient servir leur pays qui quelquefois les exilait de nouveau. C'est pour éviter ces abus et pour donner au peuple toutes les garanties de sécurité qu'il est nécessaire de contenir, les uns par les autres, tous ceux auxquels il est confié quelque pouvoir ; il faut qu'aucun ne puisse agir seul, ni se rendre indépendant des autres, parce qu'il chercherait bientôt à se rendre le maître.

3. Mais est-ce que le peuple ne sera pas toujours occupé à voter? Pour vivre, il faut qu'il travaille et il n'a pas de temps à perdre dans des élections continuelles.

Je demande à l'ouvrier seulement trois choses : Lire assez régulièrement un journal politique quelconque. Assister aux meetings, quand il en aura le temps, au lieu d'aller au cabaret. Enfin sacrifier une demi-journée par an aux élections annuelles, et une ou deux aux élections accidentelles, s'il y en a une ou deux dans le courant de l'année ; je dis demi-journées, car je suppose que, une fois inscrit comme électeur, il n'en faut pas plus pour porter son vote à la mairie et le déposer dans l'urne. Ce n'est, je crois, pas trop demander à celui qui veut faire son devoir. Du reste, il me semble difficile à la fois d'être le maître et de ne s'occuper de rien ; je ne m'engagerais pas à trouver le moyen de détruire cette contradiction : faire soi-même ses affaires en les faisant faire aux autres. Au surplus, il y a un moyen bien simple de ne jamais perdre son temps de cette manière, c'est de se donner un maître. Il ne vous fera pas voter souvent, mais en revanche il vous écrasera d'impôts, vous mettra en prison pour un oui ou pour un non, gardera vos fils douze ou quinze ans sous les drapeaux, quand il ne les enverra pas en masse à la boucherie, mais au moins vous n'aurez pas la peine de voter, ni de faire de la politique.

— Bah ! c'est une utopie ! — Soit ; mais cette utopie est la démocratie de l'avenir. Dans tous les cas, accordez-moi que nous en sommes à l'apprentissage d'un suffrage universel sérieux. En ce moment nous avançons peut-être, mais bien lentement.

A l'Espagne de donner l'exemple et de nous montrer la voie du progrès !

Octobre 1868.

FIN

Paris. — Typ. A. PARENT, rue Monsieur-le-Prince, 31

www.ingramcontent.com/pod-product-compliance
Lightning Source LLC
LaVergne TN
LVHW051151060726
842526LV00006B/2329